Tirso de Molina

La madrina
del cielo

Barcelona **2024**
Linkgua-ediciones.com

Créditos

Título original: La madrina del cielo.

© 2024, Red ediciones S.L.

e-mail: info@Linkgua-ediciones.com

Diseño de cubierta: Michel Mallard.

ISBN rústica: 978-84-9816-512-8.
ISBN ebook: 978-84-9953-229-5.

Sumario

Brevísima presentación

La vida
Tirso de Molina (Madrid, 1583-Almazán, Soria, 1648). España.

Se dice que era hijo bastardo del duque de Osuna, pero otros lo niegan. Se sabe poco de su vida hasta su ingreso como novicio en la Orden mercedaria, en 1600, y su profesión al año siguiente en Guadalajara. Parece que había escrito comedias y por entonces viajó por Galicia y Portugal. En 1614 sufrió su primer destierro de la corte por sus sátiras contra la nobleza. Dos años más tarde fue enviado a la Hispaniola (actual República Dominicana) y regresó en 1618. Su vocación artística y su actitud contraria a los cenáculos culteranos no facilitó sus relaciones con las autoridades. En 1625, el Concejo de Castilla lo amonestó por escribir comedias y le prohibió volver a hacerlo bajo amenaza de excomunión. Desde entonces solo escribió tres nuevas piezas y consagró el resto de su vida a las tareas de la orden.

Personajes

Jesús Cristo
La Virgen
Santo Domingo
Un Ángel
Dionisio
Doroteo
Marcela
Chinarro
Demonio
Vicios
Virtudes
Músicos
Un Bailarín

Acto único

(Salen Dionisio y Doroteo.)

Dionisio

Éste es el sitio y la casa
do asiste el cándido cuello
que el cuerpo y alma se abrasa.
Hizo Dios un ángel bello
debajo de humana masa.

Formó una excelsa escultura
de tan divina hermosura,
mostrando su gran poder,
que se viene a conocer
el Criador por la criatura.

Hele dicho mi recuesta
publicando mi tormento
y lo que su amor me cuesta,
mas es dar quejas al viento,
que es recogida y honesta.

Con rostro apacible y grave
me dijo: «De eso se deje.
No entregue al vicio la llave,
porque tiene obras de hereje,
aunque se muestra suave;

apártese de este trato,
que si le viene a entender,
conocerá que es ingrato
y suele caro vender,
aunque le ofrece barato;

y pierda la confianza,
que en mí no ha de haber mudanza
que en Dios he puesto la fe,
y con esto alcanzaré
el premio de mi esperanza».

Y lo que más me atormenta,
es que espero sin remedio,
según he echado la cuenta,
que no se podrá hallar medio
que a mi voluntad consienta.

Doroteo   Olvida y muda de intento.

Dionisio   ¿No ves que se ha apoderado
del alma y del pensamiento,
que hallándole descuidado
hizo un firme alojamiento?

Doroteo   Entra y gózala por fuerza.

Dionisio   Cosa por fuerza gozada
¿qué gusto tendrá? Que es fuerza
que quede más obstinada
y no ha de haber quien la tuerza.

Doroteo   Podrá ser, viendo cogida
la flor del vergel vedado,
se te muestre agradecida
y que te ofrezca de grado
el remedio de su vida.

Dionisio   Quiero tomar tu consejo,
que muy bien me ha parecido;
que el amigo es claro espejo,
y por ver que me ha ofrecido
la Ocasión buen aparejo.
    Considera lo que hablo
por estar solos los dos;
de veras el caso entablo.

Entro en el nombre de Dios.

(Vase.)

Doroteo   Entra en el nombre del diablo.
                   Va a forzar una doncella
y nombra de Dios el nombre
que forma contra él querella.
Sin duda que entiende este hombre
que ha de ayudarle a movella.
    Aquesto, si bien lo notas,
de Demonio es el oficio,
que con sus obras remotas
entre el deleite y el vicio
deja las conciencias rotas.
    Hacemos mil insolencias
sin tener a Dios temor
ni escrúpulo en las conciencias,
y pídele a Dios favor.
¡Qué hermosas impertinencias!
    Si habemos dado en saltear
y entre piratas porfías
surcado habemos el mar,
¿de qué sirve hipocresías
si es su profesión robar?
    No le acabo de entender.
Unas veces es afable,
con humilde proceder,
y otras no ha de haber quien le hable
si quiere su amigo ser.

(Entra Dionisio y Marcela asida de su capa.)

Marcela   Arrojadizo Tarquino,

dime, ¿qué fruto has sacado
de un efecto tan indigno,
que así has un pecho violado
dedicado al Uno y Trino?
　　¿Por qué con tanta fiereza
cometiste tal delito?
Caos de abatida bajeza,
ique un gusano tamañito
se atreva a la Suma Alteza!
　　¿Qué? ¿No temes la sentencia
ni del castigo el rigor?
Pero sé por experiencia
que le has perdido el temor
por ser la Suma Clemencia.
　　Mas, pues que ya ha sucedido,
muestre ese pecho piadoso
lo mucho que me ha querido.
Dame la mano de esposo,
con lágrimas te lo pido.

Doroteo (Aparte.)　　(¡No le faltaba otra cosa
sino meterse en el brete
de dama bella y hermosa!
Muy bien medrara el pobrete
y además si es melindrosa.)

Dionisio　　　　　　Cualquier cosa hasta gozarla
se tiene en veneración
hasta poder alcanzarla;
mas, llegada la ocasión,
el mejor pago es dejarla.
　　Lo que te tuve de amor
volvió en aborrecimiento;
llegó a su punto el rigor,

y entre el deseo y contento
puso ley el desamor.
    Procura satisfacerte,
que jamás temí la muerte.
Quéjate al cielo de mí,
que no alcanzarás el sí
ni pienso de jamás verte.

Doroteo   Has hablado a mi contento
y tu gusto has alcanzado;
no tomes cosa de asiento.
Si su persona has gozado,
dé agora quejas al viento.

(Vanse Doroteo y Dionisio y queda Marcela.)

Marcela   ¡Así te partes, cruel!
Dejo la venganza a Aquél
que es deshacedor de agravios;
mas tiene piadosos labios
y hallarás clemencia en Él.
(Puesta de rodillas.)   Divino Redentor, Celador santo,
de aquesta sinrazón a vos apelo,
porque quedo afligida y sin consuelo,
metida entre gemidos y quebranto.
    Muévaos a compasión mi triste llanto
y ver rompido el virgíneo velo
de que hice voto de llevar al cielo,
librándome del reino del espanto.
    A vos, Sacro Señor, venganza os pido.
No pase sin castigo tan mal hecho
y un delito tan feo y tan inorme.
    Aunque si de otra cosa sois servido
y se mueve a clemencia vuestro pecho,

con vuestra voluntad seré conforme.

(Corren una cortina y aparezca Cristo de Redención.)

Jesús   Marcela, tu sentimiento
               es muy justo que le tengas
               y que justicia prevengas
               a tan grande atrevimiento;
               que, si el pecado consiento,
               de su maldad formo queja,
               y aunque ves que éste se aleja,
               no pierdas la confianza,
               y el tomar de él la venganza
               sobre mis hombros lo deja.

(Corren la cortina y cúbrese el Jesús Cristo.)

Marcela   ¿Tan presto os vais, Jesús santo?
               No escondáis el resplandor
               que al alma enriquece tanto.
               Divino afecto de amor
               y obra de Espíritu Santo,
                 aguardad, Verbo humanado,
               y de aquesta corderilla
               recibí el pecho humillado,
               alta flor de maravilla
               que dio la muerte al pecado.
                 Justo Juez os mostráis,
               pues la carga de mi afrenta
               a vuestra cuenta tomáis,
               que tomada a vuestra cuenta
               cuerpo y alma consoláis.
                 Mirad que salís fiador
               que el delito ha de pagar;

14

si no lo cumplís, Señor,
os tengo de ejecutar,
aunque os tengo grande amor.
    Mas vuestra clemencia es de arte
que en los malos se reparte;
pero advertiréis que hay ley,
que nunca perdona el rey
si no perdona la parte.

(Vase y salen Santo Domingo y un donado llamado Chinarro.)

Domingo   Dígame, ¿por qué ocasión,
dejando el siglo, se vino
a entrar en la religión?

Chinarro   ¡Por el Señor Uno y Trino
que me causa gran pasión!
    ¿No basta que entre estas breñas
—¡pesia a quien aquí me trujo!—
cuento mi mal a las peñas?
¿No fuera fraile cartujo
porque me hablara por señas?

Domingo   ¡Jesús, hermano! ¿Qué es esto?
Considere que ha pecado.
¿Cómo está tan descompuesto?

Chinarro   ¡Por Cristo crucificado
que estoy por echar el resto!

Domingo   Hermano, nada no cuente;
ésa es la orden que profesa.

Chinarro   ¡Por Jesús omnipotente,

que porque sé que le pesa
lo he de contar cabalmente!
    En la ciudad de Sagunto
nací, padre fray Domingo,
que cuando allí no naciera
nada se hubiera perdido.
No digo de nobles padres,
porque no sé quién me hizo,
según [lo] que mi madre era
afable con sus amigos.
Bueno es ser el hombre afable,
pero la mujer, no digo,
que ha de ser como carrasca
y amorosa a su marido.
En fin, allí fui criado
hasta tener veinte y cinco
años, haciendo insolencias,
no de las que hacen los niños.
Tuve siempre tres mujeres
repartidas en tres sitios,
las cuales rendían primicias
sin ser el fruto caído.
Tres germanicos, muchachos,
de los que en el laberinto
metían las dos colainas,
se recogían en mi nido.

(Hase de estar santiguando Santo Domingo.)

Tenía tabla de juego,
donde el menor ejercicio
era echar votos por vidas,
reniegos de cinco en cinco.
Jugábanse los dineros,

y después de haber perdido,
las prendas suplían las faltas,
quedándose en cueros vivos;
las joyas de las mujeres,
las arracadas y anillos,
cadena, ajorca, manillas
y los diamantes más finos,
faldellines, sayas, ropas,
tocas, jubones, corpiños,
quedando de Adán y Eva
hechos retratos al vivo.
Sacábales el barato,
que, si lo viera, le digo,
padre, que se aficionara,
que fui en poco tiempo rico.
Prestábales sobre prendas,
dándome de prometido,
si daba diez, doce y medio,
y si veinte, veinte y cinco.
Andaba la chirinola
hasta que ventura quiso
que el bodegón se alborota
porque de corto de cinco,
sobre disputas de honor,
como siempre honrado he sido,
corté a una mujer la cara,
dando muerte a su marido.
Maté un hidalgo en la plaza
por un no sé qué me hizo
a la una de mis damas;
déle Dios el paraíso.
Ausentéme de la tierra,
y topando en el camino
un fraile, le até a una encina,

desnudándole el vestido...

Domingo   Calle y por él le ruegue,
                 pues cometió tal delito
                 sin tener temor a Dios,
                 que osó tocar a sus Cristos.

Chinarro   ¡Vive Dios! Domingo Padre,
                 pues hasta este punto ha oído,
                 que ha de acabar de oír la causa
                 que a su casa me ha traído.
                 El fraile me dejo atado,
                 no supe lo que se hizo;
                 Dios le perdone si es muerto,
                 y a mí no ponga en olvido.
                 No hube dado muchos pasos
                 cuando topé un peregrino
                 y, por mi gusto no más,
                 le maté en un ventorrillo.
                 El ventero, que era honrado,
                 de por medio se ha metido,
                 con tajadas y colainas
                 a los dos nos hizo amigos.

Domingo   ¿No dice que le mató?

Chinarro   ¿No ve que la hambre digo?

Domingo   Así sería a los otros.

Chinarro   Es verdad, Dios me es testigo.
                 A las Navas de Tolosa
                 con don Alonso he partido,
                 noveno rey de Castilla,

que era mi íntimo amigo,
contra Miramamolín,
que contra España ha traído
de moros seis mil millones.

Domingo   Mire, padre, lo que ha dicho.

Chinarro   Cuatro eran más o menos,
y es la verdad lo que digo.
Echándome en oración
al Altísimo he pedido
nos otorgue la victoria,
el cual al punto lo hizo.
Recogidos los despojos,
los he al punto repartido
al rey de Aragón don Jaime
y al de Navarra don Íñigo;
y aunque dicen que la cruz
fue causa de haber vencido,
solo el valor de Chinarro
del caso la causa ha sido.

Domingo   ¡Vióse mayor disparate!
Pues es claro que se ha visto
bajar del cielo la cruz.

Chinarro   Fue porque yo lo he pedido,
y pesándome de haber
ofendido al Uno y Trino,
me vine a la religión
poniendo en olvido al siglo.

(Salen Dionisio y Doroteo.)

| Dionisio | Adoraba su belleza,
y después que la he gozado
ha entrado en mí tal tibieza
que aun el caso imaginado
me causa mucha tristeza. |
| --- | --- |
| Doroteo | Échala del pensamiento
y cesará su memoria,
y así vivirás contento,
que si promete Amor gloria,
suele a veces dar tormento.
Mas dejando eso, ¿no ves
dos religiosos venir? |
| Dionisio | ¿Si traen algún interés? |
| Doroteo | La verdad me han de decir
atados manos y pies. |
| Domingo | Deo gratias. |
| Doroteo | Enhorabuena,
¿quién dice que se las quite
a quien las gracias condena? |
| Chinarro | ¿Así las gracias admite? |
| Doroteo | ¿Qué quiere el ánima en pena? |
| Chinarro | ¿Qué modo de responder
es éste? ¿Han perdido el seso? |
| Domingo | Muy bien lo pueden hacer.
¿Quién le mete, hermano, en eso? |

Chinarro	Yo, que me quiero meter.
Doroteo	Yo también meterme quiero, en que se quite el vestido junto con su compañero, y si trae algo escondido de preseas o dinero, quítense el vestido luego, si no quieren que me enoje y eche de los ojos fuego.

(Da a Chinarro un espaldarazo.)

Chinarro	¿Qué dice?
Doroteo	Que se despoje.
Chinarro	De veras va aqueste juego. ¡Hase visto tal maldad! Padre, ¿aquesto ha de sufrir?
Domingo	Hacerlo con humildad.
Chinarro	No lo quiero consentir por la Santa Trinidad.
Domingo	Sin replicar se desnude, hermano, y guarde obediencia.
Chinarro	Su paternidad no dude...
Domingo	Chinarro, tenga paciencia y hágalo sin que se mude.

(Desnúdase Chinarro y Santo Domingo, y para desnudarse pone el rosario en la tierra y prosigue.)

> Está tan roto y deshecho,
> señores, nuestro caudal,
> que de su valor sospecho
> que antes les podrá hacer mal
> que género de provecho.
>   ¡Pluguiera a Dios que el valor
> fuera de tal gravedad
> que mitigara el rigor
> de su gran necesidad!
> Miren si les tengo amor,
>   porque dejando aburrida
> la causa que tan sin rienda
> les trae el alma perdida,
> con el aumento de hacienda
> habría enmienda la vida.

Dionisio

Padre, vuélvase a vestir.

Doroteo

¿Qué quieres?

Dionisio

> Dejarle ir:
> ¿soy yo empedernida roca?
> Éste de parte me toca,
> y con él se ha de partir.

(Tómale el rosario.)   Solo este rosario quiero
> que me ha parecido bien.

Domingo

> De aquesa razón infiero
> que os ha de suceder bien
> en el tiempo venidero.

Chinarro	Tengan descanso y salud y déles el alto Dios mucho sosiego y quietud.
Doroteo	Hermano, no hablan con vos.
Chinarro	¿Por qué no ha de usar virtud? Úsala su compañero, siendo también salteador; ¿es por dicha él más grosero ni tiene menos valor siendo hidalgo y caballero?
Doroteo	Desnúdese. ¿A mi chancitas? Acabe el capigorrón. .... [-itas] Tengo poca devoción y las entrañas malditas.
Chinarro	¡Ay! ¿Qué ha dicho, cielo santo?
Domingo	Hermano, tenga paciencia.
Chinarro	¿Cómo no me acaba el llanto?
Domingo	¿Cómo no guarda obediencia?
Chinarro	No puedo guardarla tanto. ¿Cómo no les ha mandado a éstos tener obediencia?
Domingo	Era ese caso excusado, que para la sacra audiencia

está aquéste reservado.

Chinarro   Ahora bien, tome el vestido,
                y pues que me descompone,
                ante Dios le sea pedido.

(Dales el hábito.)

Domingo   Ruegue a Dios que le perdone,
                y le será agradecido.

(Vanse Santo Domingo y Chinarro.)

Doroteo   ¿Ya das, Dionisio, en franco
                y de rosarios te precias?

Dionisio   No das muy lejos del blanco,
                que aquéstos que tú desprecias
                suelen dar el campo franco;
                   que todas las calidades
                no son más, Doroteo,
                que tienen las voluntades
                diferentes el deseo
                y distintas propiedades.
                   Tú tienes riguridad,
                yo tengo alguna clemencia;
                tú aborreces la bondad,
                yo tengo por excelencia
                tener el don de piedad.
                   Bien puede ser pecador
                el hombre, porque le inclina
                de Adán el primer error;
                mas a la esencia divina
                no ha de perder el temor.

No tienes que estar cansando;
que hacer a Dios resistencia
es quebrantar su real bando
y debe pedir clemencia
el hombre, aunque esté pecando;
    y dejemos de alegar,
pues el prado nos ofrece
sitio para descansar.

Doroteo   El sueño y cansancio crece
               y te quiero contentar.

(Recuéstanse a dormir, y sale el Demonio.)

Demonio   Dormid, que yo he de velar
               hasta llegaros al punto
               en que tenéis de acabar,
               aunque del cielo barrunto
               que me lo quiere estorbar.
                   Mas, venga lo que viniere,
               yo he de hacer mi diligencia
               por si acaso sucediere,
               si no, haga su providencia
               lo que mejor le estuviere.
                   Tengo un odio desigual
               al hombre y cruel desdén
               sin causa para hacer tal,
               y por quererle Dios bien,
               por eso le quiero mal;
                   y aunque su poder me asombre,
               siempre aborrezco su nombre
               y quiero mal a los dos,
               y pues no me vengo en Dios,
               he de vengarme en su nombre.

(Canta una voz dentro esta letra.)

Música   «Vela, vela, pecador,
mira que el mundo te engaña,
que anda el lobo en la campaña,
huye y teme su rigor.»

Demonio   No en balde yo me temía
que había de haber favor;
a pesar de quien le envía,
contra Dios y su valor
ha de creer mi porfía.

(Canta.)

Música   «Mira que llega a la puerta
y con deleites convida;
la lámpara esté encendida,
no la halle el esposo muerta.
Entra con muestras de amor
y siembra entre ella cizaña;
que anda el lobo en la campaña,
huye y teme su rigor.»

Demonio   Ya vuelven a dar aviso.
¿Con música los regalas?
Lucifer, no estás remiso;
el veneno de tus balas
los arroja en un proviso.
Dádoles he grande sueño
con un sabroso manjar
de un mortífero beleño;
quiero ver sin recordar

si al infierno los despeño.
    De esta vez perecerán,
si el cielo no me lo estorba,
que entre sus vicios están
y he de hacer que se los sorba
un mar de pez y alquitrán.
    Heles mostrado un tesoro
en este profundo sueño
de preciadas piedras de oro
para robárselo al dueño
y vayan a eterno lloro.
        ¡Ah, compañeros! Venid.

(Levantándose los dos.)

Doroteo   Vamos, que el tesoro es bueno.

Demonio   Y entre los dos lo partid,
                 si no se os vuelve veneno
                 con este famoso ardid.

(Vanse y sale Chinarro en jubón y calzón como quedó cuando le quitaron el hábito, y capa y espada y sombrero.)

Chinarro   Pues ¿conmigo, fanfarrón?
                  Si a Chinarro conocieras,
                  salteadorcillo lebrón,
                  yo sé que no te atrevieras
                  temiendo tu perdición.
                      ¿A mí el hábito? ¡Ah, paciencia!
                  Que un tiempo solía temblar
                  un rayo ante mi presencia.
                  ¡Qué cosa es un hombre estar
                  sujeto a humilde obediencia!

Con la pasión que llevaba
viéndome que iba desnudo
el corazón me temblaba;
que habla con cólera un mudo
si la paciencia se acaba.
   Y que el otro muy cortés
al padre se le ha dejado
con muy pequeño interés;
solo el rosario ha tomado,
que el padre le diera tres.
   De aquí no pienso partirme
sin vengarme con los dos.
Bien sé que puedo medirme;
no iré de aquí —¡vive Dios!—
que no tengo que vestirme.
   Como desnudo he partido
y al monasterio he llegado,
en ira y rabia encendido,
espada y capa he topado
de que vengo apercebido.

(Halla el hábito.)   Mas el hábito he encontrado;
pero por Santo Tomás
que de miedo lo ha dejado;
mas no daré paso atrás
sin que esté desagraviado.

(Suena dentro la música y canta.)

Música   «Vuélvete a tu monasterio
y a Dios la venganza deja,
que sabe premiar al bueno
y castigar al que yerra.
Vuélvete, y guarda los votos
de religión y obediencia,

que a Cristo le desnudaron
con más oprobios y afrentas.
Si quieres ganar el cielo,
imítale en la paciencia,
pues te acogiste al sagrado
de su piedad y clemencia,
aborrece a los soberbios
y a los humildes los premia;
a los justos quiere y ama
y al más pecador espera.
Vuelve los ojos y mira
entre justicia y clemencia
de un pecador obstinado
la rigurosa sentencia.»

(Corren la cortina y aparece una cima con una pintura como boca de infierno, y Dionisio y Doroteo que los quiere el Demonio lanzar dentro, y Santo Domingo, que tiene echado un rosario al cuello de Dionisio y le tiene, y Jesús Cristo con una espada desnuda en la mano y la Virgen al otro lado.)

Demonio   Digo que ha más de diez años
que han andado en compañía
haciendo males y engaños,
sin que se pasase un día
que no hiciesen graves daños;
    forzando viudas, casadas
y estrupando las doncellas
recogidas y guardadas,
y en vez de satisfacellas,
era dejarlas robadas;
    quitando a los pasajeros
de cualquier manera o suerte,
las haciendas y dineros,
dándoles la cruel muerte

como unos leones fieros.
    Nunca hicieron obra buena
que les fuese meritoria,
y así, la ley les condena
a ser privados de gloria,
padeciendo eterna pena.
    Jamás vieron celebrar
el misterio de la misa
que les pudiera salvar;
todo era contento y risa,
sin acordarse de orar.

Domingo   Espíritu condenado,
como siempre, la maldad
es adorno de tu estrado,
traes cubierta la verdad
con hábito disfrazado.
    Señor, Dionisio ha pecado
siéndoos rebelde e ingrato,
en los vicios engolfado;
mas teníalo por trato,
siendo a piedad inclinado.
    Si alguna cosa quitaba,
también con ellos partía
de aquello que le tocaba,
y una mala compañía
hace la virtud esclava.
    Rezaba con devoción
el sacrosanto rosario,
llamaba la intercesión
del sagrado relicario
do obrasteis la encarnación.
    Bien sabéis la caridad,
Señor, que conmigo usó

con tan profunda humildad,
y por suplicarlo yo,
Señor, tened de él piedad.

Virgen
    Hijo mío, haced su ruego,
pues que Domingo lo pide,
no vaya al eterno fuego,
que a vuestro gusto se mide;
dadle, buen Jesús, sosiego.
    En especial que ha tenido
en mucha veneración
el rosario esclarecido,
otórguesele perdón,
que como madre os lo pido.

Jesús
    Pues de mi mucha clemencia
los dos le habéis amparado,
doy por muy justa sentencia
que aquéste sea condenado.

(A Doroteo.)
(A Dionisio.)
Y aquéste a hacer penitencia.
    Y miro que aquéste ha sido
del rosario muy devoto
y en sus cosas comedido,
y aquéste un hombre remoto,
gran pecador y atrevido.

Doroteo
    Virgen, ¿no hay intercesión?

Virgen
Cuando tuviste lugar
no gozaste la ocasión,
por donde vas a penar
al reino de confusión.
    Continuo has vivido mal,
tu vida siempre empeora,

y llegado a punto tal,
en lugar de intercesora
es mi oficio ser fiscal.

(Corren la cortina y cúbrese todo.)

Chinarro   ¿Eso pasa? Tira afuera.
Al monasterio me vuelvo
y en aquesto me resuelvo,
que es la Virgen medianera;
mas si acabáis la carrera
en vicios y haciendo mal
dice que ha de ser fiscal.
Más vale hacer penitencia,
porque alcance la clemencia
del Redentor celestial.

(Sale Santo Domingo.)   Mas a Domingo el prelado
veo que acá se avecina;
si esta vez no hay diciplina
yo quedo muy bien librado.
Haré del disimulado;
bien es que el rostro arreboce
para ver si me conoce,
y si viniere turbión,
callar es obligación
para que del cielo goce.

(Embózase.)

Domingo   ¡Que en la casa no parece!
Quien de la casa se ausenta
cualquier castigo merece.
De que dé tan mala cuenta
el corazón se entristece.

¡Traerse capa y espada!
Dado me ha que sospechar,
que venir con mano armada
fue pretenderse vengar,
y su intento no me agrada;
  que no advertí en preguntar
por las señas de la capa
cuando le salí a buscar.
Un hombre está allí y se tapa;
allá me quiero llegar.
  ¡Ah, buen hombre!

Chinarro	Dios es bueno.

Domingo	También lo podéis vos ser,
	aunque Él de bondad es lleno.

Chinarro	¿Qué quiere?

Domingo	Querría saber...

Chinarro	Por saber yo muero y peno.

Domingo	Saber es cosa muy alta,
	si se viene a merecer
	y con virtudes se esmalta.

Chinarro	Solo quisiera saber...

Domingo	¿El qué?

Chinarro	Remediar mi falta.

Domingo	Ése es el saber perfeto,

y el hombre que lo ha alcanzado
jamás se ha visto en aprieto.

Chinarro Gran tiempo le he procurado
y me ha perdido el respeto.

Domingo Dejemos esa quimera.

Chinarro Pues ¿por quién me preguntaba?

Domingo Por un hombre.

Chinarro Ya sé quién era,
que aquese hombre aquí estaba
un poco antes que se fuera.

Domingo Eso será lo más cierto;
mas diga, ¿cómo hablar osa
haciendo tal desconcierto?

Chinarro (Aparte.) (¿Que me conoció? ¡Hay tal cosa!
No me conociera un muerto.)

Domingo ¡Que me ha de dar ocasión
de que le venga a buscar!

Chinarro Mi padre, con la pasión
no le pude respetar;
le juro a mi salvación.

Domingo ¿Qué ha jurado? Bese el suelo.

Chinarro ¿No basta besar su mano?

Domingo	Mire que ha enojado el cielo; haga lo que digo, hermano.
Chinarro	De enojarle me recelo.
Domingo	¿Cómo el hábito ha hallado?
Chinarro	Cuando vine le hallé aquí.
Domingo	¡Ya acabó el desventurado!
Chinarro	Es verdad, que yo le vi cómo al infierno ha bajado.
Domingo	Dígame, ¿cómo lo ha visto?
Chinarro	Porque pasó en mi presencia cuando el Juez Jesu Cristo dio contra él la sentencia por ser un hombre malquisto. También le vide allá estar y con pecho sublimado por Dionisio suplicar.
Domingo	Pues Dios se lo ha revelado, bien le debe de estimar. Vámonos al monasterio y considere que ha errado, aunque ha visto ese misterio, y debe ser castigado por tan grave vituperio.
Chinarro	Primero que haga mudanza me ha de dar su bendición,

pues tanta virtud alcanza,
y me ha de otorgar perdón
debajo de confianza.
  Hágalo, por vida mía,
y me prometo enmendar,
pues que su virtud me guía,
si no lo he de publicar
que habla con Dios y Maria.

Domingo   Calle, que yo le perdono.

Chinarro (Aparte.)   (Bueno es ponerle temor,
aunque era hablar en su abono.)
Con esta merced, señor,
verá cómo lo pregono.

Domingo   ¿Qué dice?

Chinarro   Que no hablaré,
padre, más que un dromedario.

Domingo   Tenga con la Virgen fe,
rece su santo rosario.

Chinarro   Padre mío, yo lo haré.

(Vanse y sale Dionisio con un saco de penitencia.)

Dionisio   Ya vistes a vuestros ojos,
sin ser quimeras ni antojos,
alma, cómo os libertó
Aquél que en la cruz dejó
tan soberanos despojos.
  Ya visteis con la humildad

que el Sagrario milagroso
de la Santa Trinidad
pedía al Hijo glorioso,
alma, tuviese piedad.
    Ya visteis el gran caudal
que puso aquel templo santo
por libertarnos de mal,
y cómo alcanzaron tanto
las rosas de su rosal.
    Ya visteis al religioso
que quisimos desnudar,
con qué pecho tan piadoso
nos pretendía alcanzar
de Dios eterno reposo.
    Ya visteis cómo lanzado
fue al profundo del infierno
aquél que os ha acompañado,
y cómo del fuego eterno
el rosario os ha librado.
    Ya sabéis que la sentencia
dio el soberano Señor
en favor por su clemencia,
y que os mandó con amor
que hiciésedes penitencia.
    No hay agora amedrentaros
sino en este más contenta
con esfuerzo abalanzaros,
que pasada la tormenta
sé que tenéis de alegraros.
    ¿Queréis desierto de Egipto?
Podréis imitar a un Pablo
que entró allí desde chiquito,
o Antonio, a quien tentó el diablo
y él le echó de su distrito.

¿Queréis en la cueva estar
que encubren Líbano y Cedro
en escondido lugar?
Allí hay lágrimas de Pedro
con que os podéis consolar.

Si os parece parte buena
peñas donde el aciprés
comparado es baja almena,
hallaréis la desnudez
de una Santa Magdalena.

Extiende, alarga la vista
si entre moradas angostas
quieres trabar la conquista
donde, comiendo langostas,
imitarás un Bautista.

Si quiés, sin que se entremeta
contigo persona alguna,
tener la vida más quieta,
imita en una coluna
a Simeón anacoreta.

Y si, por dicha, te inclinas
o te inclina el apetito
a sensuales golosinas,
lánzate como Benito
en medio de las espinas.

Si quiés recibir martirio,
ponga en Jesús sus deseos
el corazón de Porfirio,
y gozará los trofeos
que ganó el cárdeno lirio.

Sin cruz nadie ha de pasar,
alma mía, el paso estrecho
que a la gloria va a parar;
quien quiere cruz en el pecho

trabajo le ha de costar.
    Padeced con perfección
esta cruz que el cuerpo mixto
tiene por honra y blasón,
si no fuere en la de Cristo,
será en la del Buen Ladrón.

(Cantan de adentro a una voz.)

Música I   «Acomete, buen soldado,
                    porque vencerás sin duda,
                    que las Jerarquías celestes
                    se aperciben en tu ayuda.»

Dionisio   A embestir, que al arma toca
                    la caja del general;
                    la gente contraria es poca;
                    aquí, alma, cada cual
                    muestre el valor que le toca.

(Suena Música a otro lado.)

Música II   «¿Ansina olvidas los gustos
                    a que el mundo te convida
                    con apacibles deleites
                    y delicadas comidas?»

Dionisio   ¡Qué deleites tan suaves
                    tuve gozando el amor
                    de muchas mujeres graves!
                    Más ¿cómo, alma, sin temor
                    quieres entregar las llaves?

Música I   «Resiste con fortaleza,

porque si quedas desnudo
del don de la fortaleza
serás vencido en la lucha.»

Dionisio   Si rindo la voluntad
confieso que soy perdido
y doy puerta a la maldad.
Virgen, vuestro favor pido,
por vuestra santa humildad.

Músico II   «Gusta este manjar sabroso.»

Músico I   «Mira que es píldora oculta.»

Músico II   «Es un deleite apacible.»

Músico I   «Es tormento de garrucha.»

Músico II   «Gusto que al cuerpo recrea.»

Músico I   «Nublado que al alma ofusca.»

Músico II   «Deseos con cumplimiento.»

Músico I   «Cumplimiento en cosa injusta.»

Músico II   «Es paraíso del mundo.»

Músico I   «Es infierno que pronuncia
contra ti cruel sentencia;
mira que la gloria es mucha.»

(Salen los Vicios por una puerta cantando y las Virtudes por otra.)

Vicios	«No te apartes del mundo, goza sus gustos.»
Virtudes	«No les vuelvas la cara, que son injustos.»
Vicios	«El gusto y recreo te ofrece victoria.»
Virtudes	«Si quieres la gloria refrena el deseo.»
Vicios	«Es muy dulce arreo sabrosos gustos.»
Virtudes	«No les vuelvas la cara que son injustos.»
Vicios	«Gusta las delicias del tiempo amoroso.»
Virtudes	«Si quieres reposo, huye esas caricias.»
Vicios	«Goza las primicias de dulces gustos.»
Virtudes	«No les vuelvas la cara, que son injustos. Las virtudes se suben al sacro cielo y los vicios se parten para el infierno.»

(Vanse los vicios y las Virtudes, y sale un Ángel y el Demonio.)

Ángel   ¿Ya no quedaste excluido?

Demonio   Mientras en carne viviere
de mi no se ha despedido;
mientras un cuerpo no muere
sujeto está a mi partido.
    Desde que hice a Adán pecar
ninguno de mi tormenta
no se ha podido escapar.

Ángel   Tú mientes, y ten gran cuenta
que contra ti he de alegar.
    Jeremías ¿no ha salido
del vientre santificado?

Demonio   Sí, pero fue concebido
en original pecado.

Ángel   ¿Qué importa, si no ha nacido?
    También lo ha sido San Juan.

Demonio   Y en coyuntura ha pecado.

Ángel   Fue misterio, en conclusión,
porque a Cristo ha asegurado
en la gentílica unión.
    Y el profeta Samuel
también ha entrado en la lista,
que gobernó al pueblo fiel,
y el gran precursor Bautista
y la madre de Emanuel.

Demonio   Calla, que oyendo su nombre
               me abraso con más rigor,
               que en ella Dios se hizo hombre
               y fue un exceso de amor
               que no hay a quien no le asombre.
                 A un Dios que su ser abarca
               los cóncavos tierra y cielo,
               le encerró esa humilde arca
               y le hizo venir al suelo
               para entregarle a la Parca.
                 ¡Pesar de su nacimiento
               y el día que fue engendrada
               para aumentar mi tormento!
               ¡Que una niña delicada
               tuvo tal merecimiento!

Ángel   Vade retro, Satanás;
               exímete del derecho
               que aquí pretendiendo estás;
               parte para el reino estrecho
               y no vuelvas aquí más.

Demonio   ¿Ya tú te haces mandón?
               ¿Eres de masa más alta
               que yo? Mas ya mi opinión
               después que hice la falta
               perdió la reputación.

Ángel   Dionisio, ten confianza
               y sírvate la experiencia
               de jamás hacer mudanza.
               Abraza con penitencia
               Fe, Caridad y Esperanza;
                 ven conmigo, que el lugar

43

	donde la tienes de hacer
	te tengo de señalar.
Dionisio	En todo he de obedecer.
Ángel	Ansí podrás acertar.

(Vanse, y sale Marcela.)

Marcela	Poderoso Señor, Divina Esencia,
	¿cómo la real palabra que habéis dado
	no cumplís pronunciando la sentencia?
	¿El casto pecho es bien quede violado
	y el delito se quede sin castigo
	que a vos, Señor, estaba dedicado?
	Si el grande exceso que éste hizo conmigo
	con él disimuláis, podrá mañana
	volverse contra vos hecho enemigo.
	De aquesta condición fiera y inhumana,
	¿qué se puede esperar, Dios poderoso,
	sino que mientras más, sea más tirana?
	Justicia pido, Dios santo y piadoso;
	justicia pido, Dios santo y clemente,
	que os hará la razón ser riguroso.
	Mas si es, buen Dios, acaso conveniente
	que se haya de mostrar vuestra clemencia,
	su voluntad se cumpla eternamente
	dándome para el caso suficiencia.

(Corren una cortina y aparece Jesús Cristo atadas las manos, e híncase de
rodillas Marcela.)

Jesús	Marcela, tu petición
	es justa conforme el celo

que tiene tu corazón;
mas ¿no ves que tiene el cielo
más alta la perfección?
   Los corazones humanos
quieren vengar su intención,
cuando vienen a las manos
sin mirar la obligación
que deben a sus hermanos.
   Es del hombre condición,
que si así la mía fuera
no hubiera generación
ni hombre ninguno no hubiera
que alcanzara salvación.
   Es mi oficio perdonar,
dando diversos pregones,
porque os vengáis a enmendar,
y tú, Marcela, me pones
culpa sin poder pecar.
   Tiene mis manos atadas
Dionisio; ¿tú no las ves
una con otra enlazadas?
Y ha puesto a mis sacros pies
cargas de plomo pesadas.
   Ningún paso puedo dar
para en él hacer castigo,
porque no me da lugar
las manos; tú eres testigo
que no las puedo mandar.

Marcela   ¿No sois el Sumo Saber
               y la Suprema Deidad?
               ¿Esto cómo puede ser?

Jesús   A mi mucha potestad

esto le quita el poder.

(Córrese otra cortina y aparece Dionisio desnudo, salpicado de sangre y una disciplina en la mano con sangre, y alrededor del cuello una soga, y Santo Domingo con una lanza.)

Marcela   ¡Jesús, qué gran compasión!

Jesús   Éste es Dionisio, Marcela,
                           de quien quiés satisfacción,
                           que con gran cuidado vela
                           por imitar mi pasión.
                               Su áspera penitencia
                           dejó mis manos atadas
                           y se acogió a mi clemencia;
                           acábale tú a lanzadas,
                           que a mí me hace resistencia.
                               Toma a Domingo esa lanza
                           y con tu mucho rigor
                           ejecuta cruel venganza.

Marcela   Yo le perdono, Señor.

Jesús   La virtud todo lo alcanza.
                               Has ganado gran victoria,
                           y serás remunerada
                           porque quede tu memoria
                           en el cielo coronada
                           con la corona de gloria.
                               Perdonaste tu enemigo
                           y esto por amor de mí;
                           hallaste en el cielo abrigo,
                           y el que no lo hiciere ansí
                           jamás podrá ser mi amigo.

46

Si en la oración me decís
que perdonáis los errores
y de obra no lo cumplís,
alcanzaréis los favores
conforme lo que pedís.
   El que perdonado hubiere
ése será perdonado,
y aquél que no lo hiciere
ése morirá en pecado
si en vida no lo cumpliere.
   Y porque humanos disfraces
a humildes Pedros y llanos
no estraguen con antifaces,
dad acá entrambos las manos,
que quiero yo hacer las paces.

(Aparta las manos.)

Marcela   ¿Cómo tenéis desatadas
las manos, sacro Señor,
que estaban con sus lazadas?

Jesús   Finezas son del amor
de mis entrañas sagradas.
   Para hacer bien y premiar
tengo mis manos abiertas,
que es mi oficio perdonar.
Tengo aquestas cinco puertas
por donde pueden entrar.

(Llegan y danle las manos derechas.)

            Dionisio: ¿quiés por esposa
a Marcela?

Dionisio	¿Quién podrá, Señor, hacer otra cosa, o quien se lo negará a mujer tan virtuosa?
Jesús	Y vos, Marcela, ¿queréis a Dionisio por esposo?
Marcela	Señor, gran merced me hacéis, que con lazo tan precioso cumplís lo que prometéis.
Jesús	Guardaréis conformidad, y tomando mi consejo, abrazaréis la humildad, y no quebréis el espejo del don de la castidad. El rosal que ha producido los hijos de bendición que a los cielos han subido rezaréis con devoción, sin que haya punto de olvido, porque sus cándidas rosas con el olor tan suave y fragancias olorosas tienen del cielo la llave para las almas piadosas. Siempre vivid con limpieza, y del alma la quietud guardaréis con gran pureza, que guardan a esta virtud la templanza y fortaleza. Y vamos, que a ser madrina

viene mi sagrada madre
con su beldad peregrina,
que la envía el alto Padre
con su música divina.

(Entra un Bailarín y músicos cantando, y un Ángel con una fuente y en ella
dos guirnaldas y la Virgen detrás las manos puestas, y dan vuelta al tablado.)

Músicos   «De la gloria ha bajado
                           la Flor Divina,
                           por honrar a los novios
                           y a ser madrina.
                           Baja la princesa
                           de la jerarquía,
                           que da luz al día
                           su rara belleza;
                           es mar de limpieza,
                           fuente cristalina
                           por honrar a los novios
                           y a ser madrina.»

(Llega la Virgen y toma las guirnaldas y póneselas a los desposados.)

Virgen   Tened siempre en la memoria
                           el premio de la victoria,
                           porque la bondad inmensa
                           acá os da esta recompensa
                           y allá os ha de dar la gloria.
                               Estimad con gran pureza
                           el favor de su grandeza
                           y el que mi Hijo os ha hecho,
                           la voluntad de mi pecho
                           y vivid con gran limpieza.
                               De Domingo la oración,

del Ángel la intercesión,
de los cielos la asistencia,
de Dios la suma clemencia,
y en premio de la oración,
   cubiertos de casto velo,
recibiréis gran consuelo
cuando os venga a la memoria.
Y aquí hace fin la historia
de la Madrina del Cielo.

Fin del auto

Libros a la carta

A la carta es un servicio especializado para
empresas,
librerías,
bibliotecas,
editoriales
y centros de enseñanza;
y permite confeccionar libros que, por su formato y concepción, sirven a los propósitos más específicos de estas instituciones.

Las empresas nos encargan ediciones personalizadas para marketing editorial o para regalos institucionales. Y los interesados solicitan, a título personal, ediciones antiguas, o no disponibles en el mercado; y las acompañan con notas y comentarios críticos.

Las ediciones tienen como apoyo un libro de estilo con todo tipo de referencias sobre los criterios de tratamiento tipográfico aplicados a nuestros libros que puede ser consultado en Linkgua-ediciones.com .

Linkgua edita por encargo diferentes versiones de una misma obra con distintos tratamientos ortotipográficos (actualizaciones de carácter divulgativo de un clásico, o versiones estrictamente fieles a la edición original de referencia).

Este servicio de ediciones a la carta le permitirá, si usted se dedica a la enseñanza, tener una forma de hacer pública su interpretación de un texto y, sobre una versión digitalizada «base», usted podrá introducir interpretaciones del texto fuente. Es un tópico que los profesores denuncien en clase los desmanes de una edición, o vayan comentando errores de interpretación de un texto y esta es una solución útil a esa necesidad del mundo académico.

Asimismo publicamos de manera sistemática, en un mismo catálogo, tesis doctorales y actas de congresos académicos, que son distribuidas a través de nuestra Web.

El servicio de «libros a la carta» funciona de dos formas.

1. Tenemos un fondo de libros digitalizados que usted puede personalizar en tiradas de al menos cinco ejemplares. Estas personalizaciones pueden ser de todo tipo: añadir notas de clase para uso de un grupo de estudiantes,

introducir logos corporativos para uso con fines de marketing empresarial, etc. etc.

2. Buscamos libros descatalogados de otras editoriales y los reeditamos en tiradas cortas a petición de un cliente.

www.ingramcontent.com/pod-product-compliance
Lightning Source LLC
Chambersburg PA
CBHW020436030426
42337CB00014B/1290